MICHALAK

À Delphine, Darius et Victor,
Qui me remplissent chaque jour de bonheur…

CHRISTOPHE

MICHALAK

Trop facile !

MES RECETTES COMME À LA MAISON

ALAIN DUCASSE
EDITION

02

ÉDITO

Il m'a fallu de nombreuses années pour pouvoir proposer une pâtisserie plus « funky », plus ludique et sans chichis.

Après la technique et la maîtrise, je me suis penché sur ce qui me tenait le plus à cœur… : l'émotion !

Mais comment susciter une émotion sans passer plus de huit heures dans sa cuisine ?
La maturité m'a conduit sur cette voie, celle de la simplicité et du partage… Je vous dévoile dans ce livre 50 recettes réalisées comme ça, en improvisant totalement, en découvrant les restes de mes placards et du frigo.

Au début, je me suis quand même demandé si j'allais y arriver… Je me suis mis dans l'esprit d'abandonner ma rigueur – à la limite du psychorigide – pour créer des desserts sans prétention et très gourmands.

Je suis très heureux du résultat, surtout que tout a été fait en LIVE. Ici, pas de trucages, vous allez rentrer dans ma cuisine pour découvrir tous mes secrets, même les plus insolites… Je n'ai qu'une chose à vous dire : « Éclatez-vous !!! »

Christophe Michalak

SOM-

MAIRE

08

PETIT-DÉJEUNER

BRIOCHE FRUITS ROUGES DRAGÉES

200G	DE PÂTE À BRIOCHE ACHETÉE CHEZ VOTRE BOULANGER PRÉFÉRÉ
20G	DE FARINE
80G	DE CONFITURE DE FRAISE
1	CITRON
250G	DE FRAMBOISES
1	JAUNE D'ŒUF
50G	DE DRAGÉES
20G	DE BEURRE
20G	DE SUCRE

01.

Farinez le plan de travail et étalez la pâte à brioche sur 1cm d'épaisseur en un rectangle de 10 x 30cm.

PRÉPARATION 20 MIN
CUISSON 20 MIN
REPOS 2 H

02.

Tartinez la pâte de confiture de fraise, en laissant un bord de 3cm. Zester le citron par-dessus et ajoutez les framboises.

03.

Pliez en deux la brioche dans la longueur, soudez les bords et torsadez-la légèrement. Beurrez et sucrez un moule à cake antiadhésif, et posez-y la brioche. Laissez pousser 2 h à 25°C.

ASTUCE

Si vous n'avez pas de moule antiadhésif, prenez les dimensions du moule sur une feuille de papier cuisson à l'aide d'un crayon et découpez-la à la bonne mesure dans la longueur.

04.

Préchauffez le four à 170°C (th. 6). Dorez la brioche au pinceau avec du jaune d'œuf battu. Concassez les dragées et parsemez-en la brioche. Faites cuire environ 20 min.

500G DE PÂTE À CROISSANTS ACHETÉE CHEZ VOTRE BOULANGER PRÉFÉRÉ
20G DE FARINE
70G DE CHOCOLAT NOIR À 70% DE CACAO
20G DE BEURRE MOU
20G DE SUCRE

CRÈME À LA MANDARINE
40G DE CASSONADE
2 JAUNES D'ŒUFS (40G)
20G DE MAÏZENA®
250G DE LAIT
LE ZESTE DE 2 MANDARINES
40G DE POUDRE D'AMANDE

POUR 10 ESCARGOTS

ESCARGOT MANDARINE-CHOCO

PRÉPARATION 40 MIN **CUISSON 35 MIN** **REPOS 3 H 30**

01.

Crème à la mandarine

Mélangez la cassonade et les jaunes d'œufs à l'aide d'un fouet, ajoutez la Maïzena® et mélangez de nouveau. Faites chauffer le lait dans une casserole et zestez les mandarines par-dessus. Versez le lait en trois fois sur la crème, puis reversez dans la casserole. Portez à ébullition sur feu moyen sans cesser de fouetter. Ajoutez la poudre d'amande, puis versez dans un plat et filmez au contact. Laissez refroidir et placez 1h minimum au réfrigérateur.

ASTUCE

Placez le plat destiné à la crème à la mandarine au congélateur pour qu'elle refroidisse plus vite et pour éviter la prolifération des microbes.

02.

Farinez le plan de travail et étalez la pâte à croissants sur une épaisseur de 4mm en un rectangle de 40 x 30cm.

Mélangez la crème à la mandarine pour qu'elle soit bien souple et étalez-la sur la pâte à croissants en laissant 3cm de libre sur les bords du rectangle.

03.

04.

Concassez le chocolat noir et parsemez-le sur la crème à la mandarine.
Roulez le tout et laissez reposer 1h au réfrigérateur.

05.

Beurrez un tapis Silpat®
et 10 cercles de 10 cm
de diamètre avec le beurre
mou. Sucrez le tapis et videz
l'excédent de sucre.
Passez les cercles dans
le sucre.

06.

Farinez le plan de travail et la pâte à croissants, puis coupez-la en 10 rondelles. Placez-les dans les cercles beurrés et sucrés. Faites pousser pendant 1h30 à 25°C. Préchauffez le four à 180°C (th. 6) et faites cuire pendant 25 min.

CLAFOUBLE DU MOMENT

PS : Création du Chef, un mélange entre la rencontre d'un clafoutis et d'un crumble... Surréaliste.

CRUMBLE

50G	DE BEURRE DEMI-SEL MOU
50G	DE POUDRE D'AMANDE
50G	DE FARINE T55
50G	DE CASSONADE

CLAFOUTIS

250G	DE FRAMBOISES
1	ŒUF
1	JAUNE
1	PINCÉE DE SEL
75G	DE CRÈME ÉPAISSE
75G	DE POUDRE D'AMANDE
90G	DE SUCRE + 20G POUR LES MOULES
10G	DE MAÏZENA®
1G	DE LEVURE CHIMIQUE
20G	DE BEURRE
	SUCRE GLACE

PRÉPARATION 20 MIN CUISSON 15 MIN

01.

Dans un saladier, mélangez le beurre mou, la poudre d'amande, la farine et la cassonade.

02.

Passez le tout dans une grosse passoire ou à travers une grille pour tamiser le mélange, puis réservez au réfrigérateur.

Préchauffez le four à 180°C (th. 6).
Dans un saladier, cassez l'œuf et fouettez le jaune avec la pincée de sel.
Ajoutez la crème, mélangez, puis ajoutez la poudre d'amande, le sucre, la Maïzena® et la levure.

03.

04.

Beurrez et sucrez quatre mini-cocottes ou quatre tasses allant au four. Faites le tour des cocottes avec votre doigt sur 1cm environ. Versez le mélange à mi-hauteur et faites cuire au four pendant 5 min.

50G DE BRIOCHE
15G DE RAISINS SECS
1/2 GOUSSE DE VANILLE
3 JAUNES D'ŒUFS
30G DE CASSONADE
60G DE LAIT
240G DE CRÈME FLEURETTE
5G DE RHUM
QUELQUES PINCÉES DE CARAMEL MIXÉ (VOIR P. 270)

POUR 4 PERSONNES

PAIN PERDU DU PLACARD

PRÉPARATION 20 MIN **CUISSON 40 MIN** **REPOS 1 H**

01.

Préchauffez le four à 180°C (th. 6).
Ôtez la croûte de la brioche et coupez-la en petits cubes. Posez-les sur une plaque de cuisson et toastez-les légèrement au four pendant environ 10 min.

02.

Faites chauffer un peu d'eau, ajoutez les raisins secs et laissez gonfler 15 min. Égouttez.

03.

Baissez la température du four à 120°C (th. 4).
Grattez la gousse de vanille et récupérez les grains. Placez-les dans un saladier, ajoutez les jaunes d'œufs, la cassonade et mélangez bien. Ajoutez le lait, la crème et le rhum. Mélangez avec les dés de brioche et laissez-les s'imbiber pendant 15 min.

04.

Beurrez généreusement un plat ou une poêle allant au four puis sucrez-le. Faites un tour sur le bord de la poêle.

ASTUCE

Videz l'excédent de sucre sur un papier cuisson pour pouvoir le récupérer.

Versez-y la préparation, puis parsemez de raisins secs.

05.

06.

Enfournez pour 25 min, puis laissez refroidir 30 min. Augmentez la température du four à 220°C (th. 7-8), saupoudrez de caramel mixé et toastez au four quelques minutes.

PRÉPARATION 10 MIN

REPOS 1 H

POUR 6 PERSONNES

BISCUIT GLOUBI BOULGA

- 80G DE CAKE AU CITRON
- 4 ÉTUIS DE GAVOTTES®
- 6 SHORTBREADS OU SABLÉS
- 150G DE CHOCOLAT AU LAIT
- 50G DE PÂTE DE NOISETTE BIO
- 1 PINCÉE DE FLEUR DE SEL
- 30G DE RICE KRISPIES® AU CHOCOLAT
- LE ZESTE DE 1 CITRON

Ôtez la croûte du cake, puis coupez-le en cubes. Émiettez les Gavottes® et les shortbreads.

01.

02.

Faites fondre le chocolat au lait au four à micro-ondes à 500W, 10 s par 10 s, jusqu'à ce que le mélange soit homogène, puis versez-le dans un saladier. Ajoutez la pâte de noisette et la pincée de sel, les Rice Krispies®, les cubes de cake au citron, le zeste de citron râpé, les Gavottes® et shortbreads émiettés.

03.

Filmez un cercle à tarte de 20cm de diamètre et posez-le sur une plaque de cuisson. Versez-y la préparation, appuyez légèrement pour la tasser et laissez figer 1h au réfrigérateur.

POUR 4 PERSONNES
(6/8 PANCAKES)

1 ŒUF
1 JAUNE
5G DE LEVURE DE BOULANGER
40G DE CASSONADE
160G DE LAIT
50G DE BEURRE DEMI-SEL
+ 50G POUR LA CUISSON
160G DE FARINE
30CL DE SIROP D'ÉRABLE

PANCAKE DE OUF

PS : Merci à mon ami Michel de Malleis, chef du Royal Palm à l'île Maurice, qui m'a légué cette recette.

PRÉPARATION 20 MIN **CUISSON 40 MIN** **REPOS 1 NUIT**

01.

La veille, mélangez l'œuf et le jaune au fouet, ajoutez la levure, puis la cassonade. Versez le lait et mélangez. Faites fondre le beurre au four à micro-ondes et ajoutez-le.

02.

Placez la farine dans un saladier et versez le mélange en plusieurs fois. Filmez la préparation et laissez reposer 1 nuit au réfrigérateur.

03.

Le jour même, faites réduire le sirop d'érable d'un tiers à feu doux dans une casserole. Retravaillez la pâte à pancakes pour l'assouplir.

04.

Beurrez généreusement une poêle à blinis et faites cuire la préparation au fur et à mesure en retournant chaque pancake.

ASTUCE

Utilisez plusieurs poêles pour retourner et transvaser vos pancakes.

05. Nappez de sirop d'érable réduit.

POUR 4 PERSONNES

4 CROISSANTS
100 G D'AMANDES EFFILÉES
UN PEU DE SUCRE GLACE

SIROP À LA FLEUR D'ORANGER
150G DE SUCRE
50G D'EAU DE FLEUR D'ORANGER

CRÈME AMANDE MINUTE

50G DE BEURRE DEMI-SEL
50G DE SUCRE GLACE
50G DE POUDRE D'AMANDE BRUTE BIO
1 ŒUF

CROISSANT DU LENDEMAIN

PS : Merci à mon nounours des neiges préféré... Patrick Chevallot, qui réalise les meilleurs croissants aux amandes du monde à Val-d'Isère!

01.

Torréfiez les amandes effilées à la poêle pour leur donner une couleur dorée.

PRÉPARATION 15 MIN **CUISSON 10 MIN** **REPOS 30 MIN**

02.

Sirop à la fleur d'oranger

Dans une casserole, faites bouillir 30cl d'eau avec le sucre. Hors du feu, ajoutez l'eau de fleur d'oranger.

03. Crème amande minute

Dans un saladier, travaillez le beurre à l'aide d'un fouet pour qu'il devienne bien mou. Ajoutez le sucre glace et la poudre d'amande, puis l'œuf.

04.

Coupez les croissants en deux, horizontalement, à l'aide d'un couteau à dents. Imbibez très généreusement de sirop les deux côtés de chaque demi-croissant et garnissez leur base de crème d'amande sur une épaisseur d'environ 3mm.

05.

Refermez les croissants. Tartinez de crème d'amande, parsemez d'amandes effilées, puis saupoudrez de sucre glace. Laissez figer 30 min au réfrigérateur. Faites cuire à 180 °C (th. 6) pendant 10 min.

POUR 4 PERSONNES **PRÉPARATION 15 MIN** **CUISSON 10 MIN**

100 G DE PÂTE FEUILLETÉE
ACHETÉE CHEZ VOTRE PÂTISSIER
80 G DE SUCRE GLACE
1 PINCÉE DE FLEUR DE SEL
1 POIGNÉE DE PIGNONS DE PIN
QUELQUES BRINS DE THYM CITRON
1 TOUR DE MOULIN À POIVRE

ARLETTE DÉLIRE

01.

Préchauffez le four à 180°C (th. 6). Mélangez la pâte feuilletée avec le sucre glace et la pincée de fleur de sel. Mixez à l'aide d'un petit robot ménager.

02.

Torréfiez les pignons dans une poêle pour qu'ils brunissent légèrement.
Dressez des boules de pâte sur un tapis Silpat® posé sur une plaque de cuisson et étalez grossièrement.

03.

Parsemez de pignons torréfiés, de thym citron et d'un tour de moulin à poivre.

04. Faites cuire au four pendant 10 min, puis laissez refroidir sur une grille avant de déguster.

ASTUCE

Vous pouvez poser les arlettes encore chaudes sur un rouleau à pâtisserie pour les onduler.

GOÛTER

POUR 4 PERSONNES

MILKSHAKE BI-COULEURS

100 G	DE FRAISES
100 G	DE FRAMBOISES
1 C. À S.	DE CONFITURE DE FRAISE
4	GROSSES TIGES DE RHUBARBE
10 G	DE KIRSCH
10 G	D'EAU DE FLEUR D'ORANGER
100 G	DE CRÈME LIQUIDE
2	BOULES DE GLACE À LA VANILLE

01. Lavez les fraises, ôtez leur pédoncule, puis mixez-les avec les framboises et la confiture à l'aide d'un robot ménager. Répartissez ce mélange au fond de quatre verres.

PRÉPARATION 20 MIN

CUISSON 10 MIN

Épluchez les tiges de rhubarbe et coupez-les en cubes.

02.

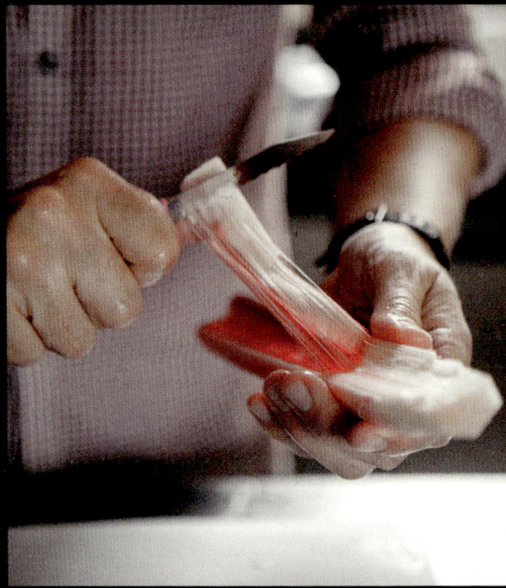

03.

Faites compoter sur feu moyen pendant 5 à 10 min, puis laissez refroidir.

04.

Mixez la compote obtenue avec le kirsch, l'eau de fleur d'oranger, la crème liquide et la glace à la vanille.

Répartissez dans les verres et servez.

05.

*Jean-Christophe Jeanson,
le chef pâtissier de Lenôtre,
m'a montré cette technique trop facile !*

4 POMMES GOLDENS
20G DE BEURRE DEMI-SEL
20G DE CASSONADE
4 C. À S. DE CONFITURE DE FRAMBOISE-ROSE
4 SABLÉS BRETONS
1 FÈVE TONKA
LE ZESTE DE 1/2 CITRON VERT

POUR 4 PERSONNES

TARTE FLEUR DE POMME

PRÉPARATION 25 MIN **CUISSON 10 MIN** **REPOS 10 MIN**

01.

Préchauffez le four à 200°C (th. 6). Épluchez les pommes goldens, coupez-les en deux, épépinez-les, puis coupez-les en fines lamelles.

02.

Rangez les lamelles de pomme sur un tapis Silpat® en les superposant sur une moitié. Faites fondre le beurre, beurrez généreusement les pommes au pinceau, puis sucrez-les. Faites cuire au four pendant 10 min jusqu'à ce que les lamelles soient souples au toucher.

03.

Laissez refroidir 10 min, puis roulez les lamelles de pommes sur elles-mêmes pour représenter une fleur.

04.

Recouvrez les sablés bretons de confiture.

05.

Déposez une fleur de pomme sur chaque sablé. Râpez sur le dessus un peu de fève tonka et de zeste de citron.

SABLÉ POIRE AU FRUIT DE LA PASSION

SABLÉ DIAMANT

95 G DE BEURRE DEMI-SEL
5 G DE JAUNE D'ŒUF
45 G DE SUCRE GLACE
120 G DE FARINE
LE ZESTE RÂPÉ DE 1 ORANGE

CHANTILLY PASSION CHOCOLAT BLANC

150 G DE CRÈME LIQUIDE À 40% DE M.G.
40 G DE CHOCOLAT BLANC
1/2 FEUILLE DE GÉLATINE
30 G DE JUS DE FRUIT DE LA PASSION
QUELQUES GOUTTES DE COLORANT JAUNE

DRESSAGE

1 POIRE WILLIAMS
10 CL D'ALCOOL DE POIRE
LE ZESTE DE 1 CITRON VERT

PRÉPARATION 30 MIN — CUISSON 20 MIN — REPOS 1 NUIT + 1 H

Chantilly Passion chocolat blanc

01.

La veille, faites tremper la gélatine dans de l'eau froide. Faites bouillir la crème dans une casserole.

02.

Hachez le chocolat, placez-le dans un saladier et versez la crème chaude dessus, puis ajoutez la gélatine essorée, le jus de fruit de la Passion et le colorant jaune.
Mixez le tout au blender plongeant.
Laissez refroidir, filmez la préparation et laissez 1 nuit au réfrigérateur.

Sablé diamant

Le jour même, travaillez le beurre à la main dans un saladier. Ajoutez le jaune d'œuf, le sucre glace puis la farine et le zeste râpé. Malaxez jusqu'à obtenir une boule homogène.

03.

Roulez grossièrement cette préparation à la main pour former un boudin. Enroulez la pâte dans du film alimentaire, puis mettez au réfrigérateur quelques minutes pour la raffermir. Roulez-la délicatement pour obtenir un boudin de 40 cm de long. Laissez au réfrigérateur 1h.

04.

05.

Préchauffez le four à 180°C (th. 6). Lustrez le boudin avec un peu d'eau, puis passez-le dans le sucre et coupez des sablés de 5mm de large. Posez-les sur un tapis Silpat® et appuyez sur chaque sablé avec un doigt pour lui donner une forme. Faites cuire au four pendant 10 min.

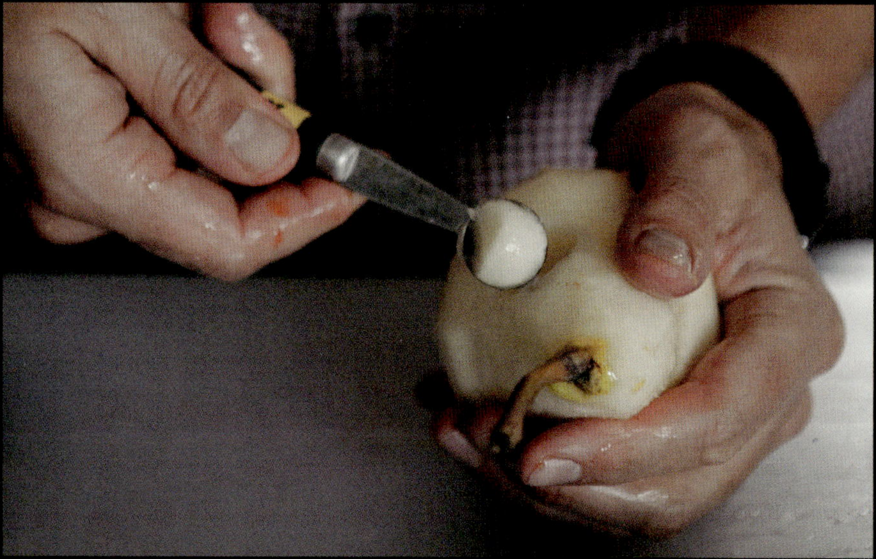

Dressage

06.

Pelez la poire. À l'aide d'une cuillère à pomme parisienne, réalisez des billes dans la chair du fruit, et faites-les macérer pendant 10 min dans l'alcool de poire.

07.

Montez la crème en chantilly à l'aide d'un fouet jusqu'à obtenir une texture dense qui se tienne. Placez dans une poche munie d'une douille cannelée.

08.

Dressez les billes de poire et de jolies rosaces de chantilly sur les sablés, puis râpez un peu de zeste de citron vert.

PRÉPARATION 20 MIN **CUISSON 30 MIN** **REPOS 30 MIN**

POUR 6 PERSONNES

- 200 G D'ABRICOTS AU SIROP
- 1 ŒUF
- 75G DE SUCRE
- 75G DE BEURRE DEMI-SEL
- LE ZESTE DE 2 ORANGES
- 45G DE POLENTA
- 2CL DE GRAND MARNIER®
- 85G DE POUDRE D'AMANDE
- 20G DE MAÏZENA®
- 2G DE LEVURE CHIMIQUE
- QUELQUES PINCÉES DE CARAMEL MIXÉ (VOIR P. 270)

CAKE POLENTA ABRICOT ET CARAMEL

01.

Fouettez l'œuf et le sucre dans un saladier pendant 5 min. Faites fondre le beurre au four à micro-ondes, puis zestez les oranges dans le beurre.

02.

Ajoutez la polenta au mélange œuf/sucre, fouettez, puis versez le Grand Marnier®. Ajoutez le beurre fondu avec le zeste râpé, puis la poudre d'amande en trois fois et, enfin, la Maïzena® et la levure.

03.

Préchauffez le four à 180°C (th. 6). Beurrez un moule à tarte de 20 cm de diamètre. Disposez une feuille de papier cuisson dans le fond. Coupez les abricots en quartiers et posez-les dans le moule en laissant le bord libre, sur une largeur de 5 mm.

ASTUCE

Vous pouvez varier les fruits selon vos goûts.

04. Versez la pâte sur les fruits et faites cuire 30 min au four.

05. Laissez refroidir et saupoudrez de caramel en poudre, puis enfournez de nouveau pour 2 min.

PRÉPARATION 20 MIN

CUISSON 30 MIN

REPOS 30 MIN

POUR 6 PERSONNES

BROWNIE DE L'ESPACE

01. Brownie

Préchauffez le four à 180°C (th. 6) en chaleur tournante. Montez les œufs au fouet manuel ou mécanique jusqu'à obtenir un mélange mousseux.

BROWNIE
80G DE CHOCOLAT AU LAIT
2 ŒUFS
100G DE BEURRE DEMI-SEL
150G DE CRÈME DE MARRON
60G DE FARINE
1 PINCÉE DE LEVURE CHIMIQUE
UN PEU DE SUCRE GLACE
100G DE GIANDUJA

CRÈME
60G DE PURÉE DE MARRON
100G DE CRÈME DE MARRON
30G DE BEURRE DEMI-SEL MOU
5G DE RHUM

02.

Faites fondre le beurre demi-sel dans une casserole sur feu doux. Hors du feu, ajoutez le chocolat et mélangez jusqu'à obtenir un mélange homogène. Ajoutez 150 g de crème de marron. Versez ce mélange chaud sur les œufs et mélangez au fouet.

03.

Mélangez la farine et la levure chimique puis ajoutez-la en trois fois au mélange avec le chocolat. Versez cette préparation dans un moule carré de 15cm de côté en silicone. Enfournez pour 15 min, puis laissez refroidir.

04. Crème

Faites ramollir le beurre au four à micro-ondes. À l'aide d'un blender plongeant, mixez la purée et la crème de marron avec le beurre mou et une pointe de rhum, puis dressez à l'aide d'une poche munie d'une douille unie.

ASTUCE

Placez la poche à douille dans un verre doseur à bord haut pour pouvoir la remplir plus facilement. Si vous n'avez pas de poche à douille, vous pouvez la remplacer par un sac congélation dont vous coupez un bout.

05.

Placez le brownie sur une feuille de papier cuisson, saupoudrez le contour de sucre glace, puis pochez la crème en points selon votre inspiration.

06.

Réalisez des copeaux de gianduja à l'aide d'un économe, saupoudrez-les de sucre glace, puis placez-les sur le gâteau.

- 150G DE CRÈME LIQUIDE
- 20G DE MIEL DE CHÂTAIGNIER
- 170G DE CHOCOLAT NOIR À 70% DE CACAO
- 30G DE BEURRE
- 50G DE CACAHUÈTES APÉRITIVES SALÉES
- 50G DE SÉSAME GRILLÉ
- 100G DE CACAO AMER EN POUDRE

POUR 6 PERSONNES (25 TRUFFES)

TRUFFE MÉTÉORITE

PRÉPARATION 20 MIN **CUISSON 20 MIN** **REPOS 12 H**

01.

La veille, faites bouillir la crème dans une casserole et ajoutez le miel. Concassez le chocolat, placez-le dans un saladier puis versez dessus la crème bouillante.
Mixez à l'aide d'un blender plongeant, puis mélangez avec le beurre en dés.

02.

Versez cette préparation dans un bol, recouvrez de film alimentaire et placez au réfrigérateur pour 1 nuit.

03.

Le jour même, laissez la préparation revenir à température ambiante, puis, à l'aide d'une cuillère, prélevez de la pâte pour réaliser les truffes, sans chercher à obtenir des formes égales.

04.

Mixez grossièrement les cacahuètes, puis ajoutez le sésame. Roulez les truffes dans ces éclats, puis saupoudrez de cacao amer.

POUR 6 PERSONNES

6 SABLÉS BRETONS OU SHORTBREADS
6 CARAMELS MOUS
100G DE GIANDUJA
1 POIGNÉE DE NOISETTES
1 POIGNÉE DE NOIX DE PÉCAN
1 POIGNÉE DE CACAHUÈTES
100 G DE SUCRE GLACE
1 POIGNÉE DE GRUÉ
1 PINCÉE DE FLEUR DE SEL

SABLÉ CARAMEL D'ENFER

PS : Merci à mon pote Chris Adam pour la technique de la caramélisation à la poêle.

PRÉPARATION 20 MIN

REPOS 30 MIN

01.

Concassez les fruits secs en les plaçant dans un torchon et en les écrasant à l'aide d'un rouleau à pâtisserie.

02.

Dans une poêle, faites caraméliser les fruits secs concassés avec le sucre glace, le grué et une pincée de fleur de sel. Laissez refroidir dans un plat.

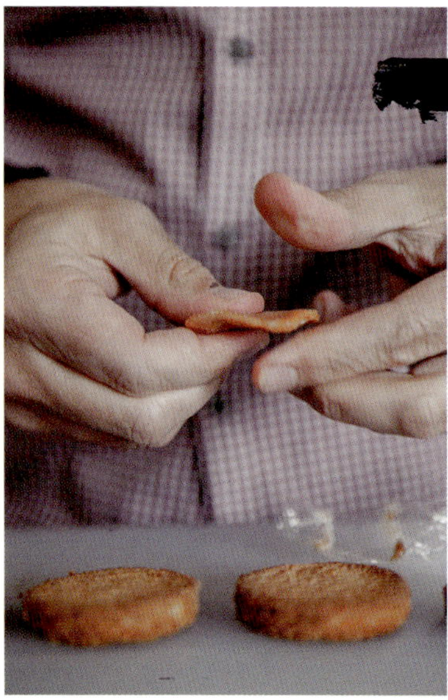

03. Ramollissez les caramels mous quelques secondes au four à micro-ondes. Étalez-les sur les sablés bretons.

04.

Coupez le gianduja en cubes et faites-le fondre au four à micro-ondes à 500W, 10s par 10s.
Trempez les sablés délicatement dans le gianduja.

05.

Passez-les dans les fruits secs pour qu'ils adhèrent au gianduja.
Laissez figer 30 min au réfrigérateur.

HOT HOT HOT

4 PETITS PAINS BRIOCHÉS
4 C. À S. DE CONFITURE DE FRAMBOISE À LA ROSE
250 G DE FRUITS ROUGES : FRAMBOISES, FRAISES, ETC.
1 BRANCHE DE MENTHE

01.

Ouvrez les pains en deux et creusez-les à l'aide d'un couteau pointu.
Tartinez-les de confiture de framboise.

02.

Lavez les fruits rouges.
Coupez les fraises en rondelles et les framboises en deux puis ajoutez-les, avec une feuille de menthe.

ASTUCE

Vous pouvez varier les fruits selon vos envies.

TAKE AWAY

CAKE BONBON SANS GLUTEN

Clin d'oeil à mon ami Pierre Hermé qui enveloppe un de ses gâteaux comme celui-ci !

160 G	DE CHOCOLAT NOIR À 70% DE CACAO
100 G	DE BEURRE DEMI-SEL + 20 G POUR LES MOULES
20 G	DE FARINE
30 G	DE SUCRE RAPADURA BIO
1	ŒUF
50 G	DE FIGUES SÈCHES
50 G	D'ABRICOTS SECS
50 G	DE NOIX DE PÉCAN
	LE ZESTE DE 1 ORANGE

01.

Préchauffez le four à 180°C (th. 6). Faites fondre le beurre et le chocolat dans une casserole à feu doux.

PRÉPARATION 20 MIN

CUISSON 10 MIN

REPOS 3 H

02.

Beurrez et farinez des petits moules à cake.

ASTUCE

Vous pouvez également utiliser un grand moule à cake antiadhésif. Dans ce cas, vérifiez la cuisson à l'aide de la lame d'un couteau et faites cuire un peu plus longtemps si besoin.

03.

Ajoutez le sucre au mélange chocolat-beurre hors du feu, mélangez au fouet, puis ajoutez l'œuf.

ASTUCE

Si vous ne trouvez pas de sucre rapadura, vous pouvez utiliser de la cassonade ou du sucre muscovado.

04.

Ôtez le pédoncule des figues et coupez-les en lamelles, ainsi que les abricots, puis ajoutez-les à la préparation.

05.

Faites griller les noix de pécan
à la poêle, puis concassez-les.
Ajoutez-les, puis râpez le zeste
de l'orange au-dessus de la casserole.

06.

Versez la préparation dans les moules à cake et enfournez pour 10 min. Laissez refroidir 1h à température ambiante, puis laissez figer 2 h au réfrigérateur.

07.

Démoulez et coupez les cakes en morceaux, puis enroulez-les dans du papier plastique pour pouvoir les emporter facilement et les déguster comme des bonbons.

100G DE CHOCOLAT NOIR
50G D'AMANDES
50G DE NOIX DE COCO
100G DE PÂTE À TARTINER BIO
50G DE GRUÉ DE CACAO
50G DE CORN FLAKES®
1 PINCÉE DE SEL

POUR 6 PERSONNES

CROQ GOURMAND

PRÉPARATION 20 MIN **CUISSON 30 MIN** **REPOS 1 H**

01.

Concassez le chocolat et faites-le fondre au four à micro-ondes à 700W pendant 1 min.

02.

Hachez les amandes en bâtonnets, puis faites-les griller dans une poêle ou au four pendant 20 min à 170°C (th. 6). Faites également griller la noix de coco à la poêle jusqu'à ce qu'elle prenne une teinte dorée.

03.

Mélangez la pâte à tartiner avec le chocolat fondu. Ajoutez la noix de coco grillée, le grué, les amandes, puis les Corn Flakes® et le sel. Mélangez pour bien tout enrober de chocolat.

04.

Recouvrez une planche de film alimentaire et déposez-y 1 grosse c. à s. de préparation. Refermez le film en laissant l'air s'échapper et formez une boule.
Répétez l'opération pour utiliser toute la préparation. Placez au réfrigérateur et laissez figer 1h.

ASTUCE

Vous pouvez également réaliser une grosse boule de pâte pour un format familial.
Vous pouvez utiliser du riz soufflé ou d'autres céréales pour remplacer les Corn Flakes®.

PRÉPARATION 20 MIN

POUR 4 PERSONNES

FRAISIER PASSE-PARTOUT

400G DE FRAISES GARIGUETTES
1 FEUILLE DE GÉLATINE
150G DE CRÈME LIQUIDE
70G DE LAIT CONCENTRÉ SUCRÉ
1 C. À S. DE CONFITURE DE FRAISE
QUELQUES BISCUITS OREO®
QUELQUES BRANCHES DE ROMARIN

01.

Faites tremper la gélatine dans un peu d'eau.
Lavez et équeutez les fraises, puis mixez-en 300 g à l'aide d'un blender plongeant.
Faites tiédir à 60 °C environ la moitié de la purée, puis ajoutez la gélatine ramollie. Mélangez avec le reste de la purée.

02.

Faites monter la crème au fouet jusqu'à ce qu'elle soit bien mousseuse.

03.

Ajoutez le lait concentré dans la purée de framboises. Ajoutez enfin la crème montée bien froide.

04.

Coupez 50g de fraises
en cubes. Mélangez-les
à la confiture et répartissez
dans quatre pots.

05.

Ajoutez la crème de manière à former un dôme.
Récupérez les biscuits noirs des Oreo®
et brisez-les entre vos doigts. Parsemez-les
sur la crème pour en recouvrir toute
la surface. Piquez-y quelques branches
de romarin et décorez avec les fraises
restantes.

POUR 4 PERSONNES

MILLEFEUILLE PANINI

1	ROULEAU DE PÂTE FEUILLETÉE
90 G	DE CHOCOLAT AU LAIT
225 G	DE CRÈME LIQUIDE
2 G	DE CAFÉ SOLUBLE
1	PETITE PINCÉE DE FLEUR DE SEL
50 G	DE CARAMEL MIXÉ (VOIR P. 270)

PRÉPARATION 20 MIN

CUISSON 30 MIN

01.

Concassez le chocolat et mettez-le dans un saladier. Faites bouillir la crème, versez-la sur le chocolat, puis ajoutez le café et le sel. Mélangez, mixez au blender plongeant, puis placez au réfrigérateur.

02.

Coupez un rectangle de 12 x 25cm dans la pâte feuilletée. Faites-la griller dans un gril à panini pendant 5-6 min, jusqu'à ce qu'elle soit bien dorée. Placez une petite cale en aluminium de 1cm d'épaisseur afin de laisser l'appareil entrouvert et de permettre à la pâte de gonfler. Surveillez la cuisson.

03.

Préchauffez le four à 200°C (th.7). Posez la pâte sur un tapis Silpat®, saupoudrez-la de caramel mixé et enfournez 5 min pour la dorer.

04.

Coupez des rectangles de 12 x 3cm dans la pâte encore chaude, puis laissez refroidir. Coupez délicatement la pâte en deux dans l'épaisseur.

05.

Montez la crème en chantilly
et disposez-la dans une poche
munie d'une douille
chemin de fer, elle-même posée
dans un verre doseur.

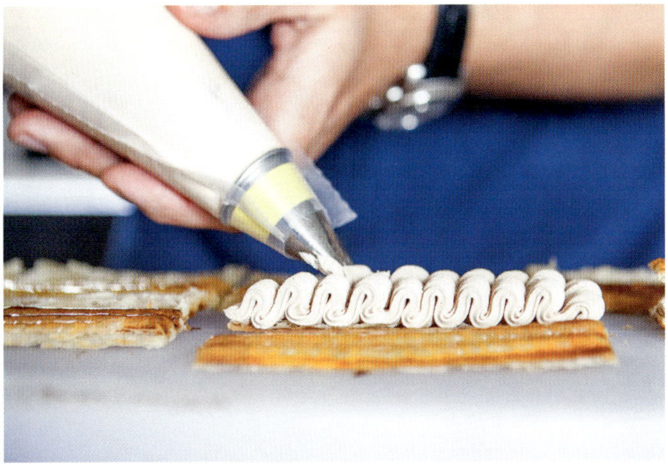

06.

Disposez de la crème
sur la moitié des rectangles
de pâte, puis recouvrez des
«chapeaux» de pâte.

POUR 12 BONBONS PRÉPARATION 10 MIN CUISSON 10 MIN

NEMS D'AUDREY

PS : Audrey Gellet, 1ère gagnante de «Qui sera le prochain grand pâtissier» !

1	POMME GOLDEN
30 G	DE NOIX
1/4	DE FÈVE TONKA
1	GOUSSE DE VANILLE
1 C. À S.	DE MIEL
70 G	DE BEURRE
2	FIGUES SÈCHES
1	PAQUET DE PÂTE FILO
50 G	DE SUCRE

CARAMEL DE CIDRE

3 C. À S.	DE MIEL
1 C. À S.	DE VINAIGRE DE CIDRE

01.

Grillez les noix à la poêle, puis hachez-les. Pelez la pomme, coupez-la en dés, placez-la dans un saladier, puis râpez la fève tonka par-dessus. Grattez les grains de la vanille et ajoutez-les à la pomme.

02.

Poêlez les morceaux de pomme avec le miel et 20g de beurre, faites-les cuire jusqu'à ce qu'elles soient moelleuses et légèrement croquantes.

03. Ôtez le pédoncule des figues et coupez-les en cubes. Ajoutez-les avec les noix dans la poêle, puis versez la préparation dans un récipient et laissez refroidir.

04. Mélangez le miel avec le vinaigre de cidre.

05.

Coupez 24 feuilles de pâte filo en carrés de 15 cm de côté. Faites fondre le beurre restant et beurrez les carrés. Placez 2 feuilles de filo l'une sur l'autre. Déposez un peu de préparation à la pomme et réalisez des bonbons en forme de nems. Répétez jusqu'à épuisement de la pâte. Réalisez cette opération rapidement pour ne pas détremper la pâte avec le jus des pommes.

06.

Lustrez les nems à l'aide du reste de beurre fondu et saupoudrez généreusement de sucre.

07.

Faites chauffer une poêle sans matière grasse. Placez-y les nems et faites-les cuire environ 5 min en les tournant régulièrement, jusqu'à ce qu'ils soient dorés sur toutes les faces. Baissez le feu en fin de cuisson. Coupez les extrémités pour obtenir des sticks, puis servez avec le mélange miel-vinaigre de cidre à part.

POUR 6 PERSONNES

KANISTRELLI

60 G D'OLIVES NOIRES
250 G DE FARINE
6 G DE FLEUR DE SEL
7 G DE LEVURE CHIMIQUE
60 G DE SUCRE
2 G DE PIMENT D'ESPELETTE
65 G DE VIN BLANC SEC (6,5 CL)
115 G D'HUILE D'OLIVE

PS : Clin d'œil à ma Corse préférée, Valérie, qui raffole de ce sablé.

01. Préchauffez le four à 180 °C (th. 6). Hachez les olives au couteau et placez-les dans un saladier. Ajoutez la farine, la fleur de sel, la levure, le sucre et le piment.

PRÉPARATION 10 MIN

CUISSON 15 MIN

02.

Versez le vin blanc et l'huile d'olive. Mélangez à la main doucement pour ne pas corser la pâte.

03. Formez des boules irrégulières et placez-les sur une plaque de cuisson. Enfournez pour 15 min en veillant à ce qu'elles ne colorent pas trop.

ASTUCE

Vous pouvez aussi réaliser une version grand format de ces délicieux sablés.

SLICK

PRÉPARATION 20 MIN **CUISSON 30 MIN** **REPOS 30 MIN**

POUR 6 PERSONNES

300G DE LAIT
QUELQUES PISTILS DE SAFRAN
1 GOUSSE DE VANILLE
LE ZESTE RÂPÉ DE 1/2 ORANGE
10G DE VERGEOISE
50G DE POLENTA
1 PINCÉE DE SEL
5 ABRICOTS
1 C. À S. DE MIEL
LE JUS DE 1/2 CITRON VERT
200G DE CRÈME LIQUIDE

POLENTA SUCRÉE

01.

Placez un plat au congélateur. Réservez un peu de safran pour le dressage. Faites bouillir le lait dans une casserole avec le reste des pistils de safran, la gousse de vanille grattée, le zeste d'orange râpé, la vergeoise, la polenta et le sel.
Faites cuire environ 5 min jusqu'à ébullition : vous devez obtenir la texture d'une crème pâtissière.

02.

Versez la préparation dans le plat glacé et ôtez la gousse de vanille. Mélangez un peu pour la faire refroidir, puis placez au réfrigérateur pour 30 min.

03.

Préchauffez le four à 200 °C (th. 7). Lavez et coupez les abricots en quartiers, puis en morceaux.

04.

Versez le miel dans une poêle, ajoutez les abricots, puis faites-les cuire pendant 5 min à feu moyen pour qu'ils soient moelleux.
Faites compoter encore quelques minutes et ajoutez le jus de citron vert.
Sortez la polenta du réfrigérateur et mélangez de nouveau au fouet. Montez la crème au fouet, puis ajoutez-la en plusieurs fois.

05.

Répartissez les abricots dans des verrines, ajoutez la polenta crémée par-dessus et saupoudrez de safran.

SUCETTE GIVRÉE INDIENNE

PARFAIT KULFI

200 G DE LAIT CONCENTRÉ SUCRÉ NESTLÉ®
50 G DE LAIT
50 G DE CRÈME LIQUIDE
25 G DE POUDRE D'AMANDE
25 G DE POUDRE DE PISTACHE
25 G DE PÂTE DE PISTACHE
1 G D'AMANDE AMÈRE
1 G DE FLEUR DE SEL
6 C. À S. DE PULPE D'ABRICOT

ENROBAGE CHOCOLAT-PISTACHE

250 G DE CHOCOLAT BLANC
20 G DE BEURRE DE CACAO
50 G DE PISTACHES HACHÉES
20 G DE PÂTE DE PISTACHE

PRÉPARATION 25 MIN CUISSON 10 MIN REPOS 1 NUIT

01.

Parfait kulfi

La veille, versez le lait Nestlé® avec le lait et la crème dans un saladier. Ajoutez la poudre d'amande, la poudre de pistache, la pâte de pistache, l'amande amère et la fleur de sel, puis mélangez au fouet.

02.

Répartissez le mélange dans six pots de petits-suisses aux trois quarts de leur hauteur. Déposez 1 c. à s. de pulpe d'abricot dans chaque pot. Placez 30 min au congélateur, puis plantez un bâtonnet à glace dans chaque pot.

03. Enrobage chocolat-pistache

Faites fondre le chocolat sur feu très doux avec le beurre de cacao.

ASTUCE

Le chocolat blanc ne doit pas dépasser la température de 45°C pour ne pas brûler.

04.

Placez les pistaches dans du film alimentaire ou un torchon
et concassez-les à l'aide d'un rouleau à pâtisserie. Versez-les sur

ASTUCE

La pâte de pistache peut être réalisée en grillant des pistaches, puis en les mixant jusqu'à obtenir une pâte homogène.

05.

Démoulez les sucettes en trempant les pots de petits-suisses dans un récipient rempli d'eau, puis plongez-les dans le glaçage pour les enrober. Posez-les ensuite sur du papier cuisson et laissez figer au congélateur 1 nuit.

ASTUCE

Vous pouvez acheter la pulpe d'abricot ou la réaliser vous-même : faites cuire les abricots coupés en deux 30 min au four à 200°C (th. 7), puis mixez-les.

Bonne Année

DESSERTS À PARTAGER

PRÉPARATION 20 MIN

CUISSON 30 MIN

REPOS 30 MIN

POUR 6 PERSONNES

CHEESE-CAKE LIMON CELLO

40G DE BEURRE
100G DE SHORTBREADS
70G DE CRÈME LIQUIDE
30G DE SUCRE
90G DE CHOCOLAT BLANC
140G DE PHILADELPHIA®
140G DE FROMAGE BLANC À 40% DE M.G.
1 GROS ŒUF (60G)
1 CITRON
QUELQUES FEUILLES DE BASILIC NAIN

CRÈME MASCARPONE

300G DE CRÈME LIQUIDE
30G DE MASCARPONE
4CL DE LIMONCELLO

Un grand merci à Reviva pour m'avoir offert cette recette de crème cheese-cake au chocolat blanc.

01.

Préchauffez le four à 120°C (th.4).
Faites fondre le beurre.
Émiettez les shortbreads dans un saladier, puis ajoutez-y 2 c. à s. de beurre fondu.

02.

Disposez les shortbreads au fond d'un plat Pyrex® et laissez figer au réfrigérateur.

03.

Versez la crème et le sucre dans une casserole, mélangez, puis faites chauffer à frémissements. Ajoutez le chocolat hors du feu, mélangez de nouveau, puis ajoutez le Philadelphia® et le fromage blanc. Mélangez bien.
Si la préparation n'est pas lisse, mixez-la au blender.
Versez-la doucement sur la couche de biscuit.
Enfournez pour 30 min.

Crème mascarpone

Mélangez tous les ingrédients de la crème mascarpone dans un batteur.
Placez dans une poche munie d'une douille saint-honoré et disposez de grosses noix de crème sur le cheese-cake. Procédez de manière circulaire, de l'extérieur vers l'intérieur.

04.

05.

Zestez le citron par-dessus.
Récupérez ses suprêmes, coupez-les en deux, puis dressez-les sur le cheese-cake.
Ajoutez quelques feuilles de basilic nain.

POUR 6 PERSONNES

PAVLOVA THE LEGEND

MERINGUE

5 BLANCS D'ŒUFS (150G)
150G DE SUCRE
10G DE MAÏZENA®
20G DE BEURRE MOU
SEL

CRÈME EXOTIQUE

200G DE PURÉE DE MANGUE
50G DE PURÉE DE FRUIT DE LA PASSION
15G DE CASSONADE
20G DE MAÏZENA®
2 JAUNES D'ŒUFS (40G)
100G DE CRÈME LIQUIDE
2 FEUILLES DE GÉLATINE

DIVERS

1 MANGUE
LE ZESTE DE 1 CITRON VERT
SUCRE GLACE
QUELQUES FEUILLES D'ANANAS POUR LE DÉCOR

Merci à Anna Polyviou, chef australienne qui m'a légué la recette de la meringue !

PRÉPARATION 20 MIN **CUISSON 30 MIN** **REPOS 1 H**

Crème exotique

01.

Mettez la gélatine à tremper dans de l'eau. Faites bouillir la purée de mangue et la purée de fruit de la Passion dans une casserole.
Placez la cassonade, la Maïzena® et les jaunes d'œufs dans un saladier. Mélangez au fouet. Versez les purées de fruit chaudes dans un autre saladier, mélangez au fouet, puis transvasez-la dans le premier saladier.

02.

Reversez dans la casserole et faites chauffer jusqu'à obtenir la texture d'une crème pâtissière. Ajoutez la gélatine ramollie.

ASTUCE

Vous pouvez remplacer les purées de mangue et de fruit de la Passion par les fruits que vous préférez.
Si vous n'avez pas de purée de mangue, vous pouvez mixer des mangues fraîches.

03.

Versez la crème dans un plat
et laissez refroidir
1h au réfrigérateur
en mélangeant régulièrement.
Montez la crème au fouet,
puis ajoutez-la.

Meringue

04.

Montez les blancs d'œufs en neige avec une pincée de sel en ajoutant le sucre en trois fois.
Une fois les blancs montés, arrêtez de fouetter pendant 30 s, puis fouettez de nouveau quelques secondes.

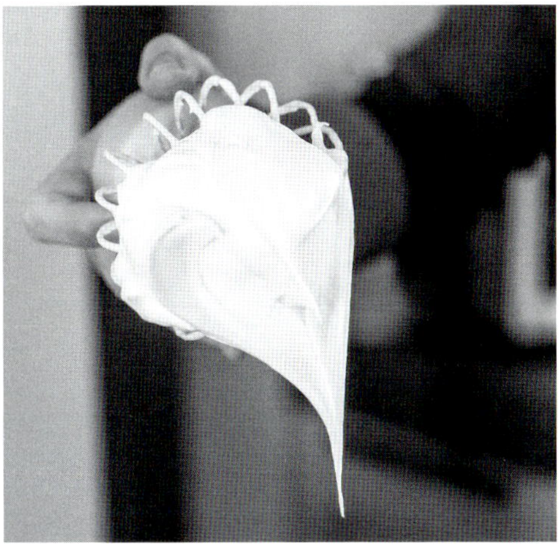

05.

Préchauffez le four à 150°C (th. 5). Beurrez un tapis Silpat® à l'aide d'un pinceau. Mélangez la Maïzena® avec la meringue, versez-la sur le Silpat®, puis lissez à l'aide d'une spatule. Saupoudrez de sucre et enfournez pendant 15 min.
Coupez les bords pour obtenir un rectangle net.

06.

Pelez la mangue et coupez-la en petits dés. Renversez-les sur une feuille de papier cuisson.
Mettez de côté 3 c. à s. de crème exotique dans une poche pour le décor et étalez le reste sur la meringue.
Roulez-la sur elle-même comme un biscuit roulé.

07.

Coupez les extrémités pour égaliser le roulé.
Dressez une ligne de crème sur la longueur du roulé, puis déposez-y la brunoise de mangue.

08. Saupoudrez de sucre glace à travers une passette, râpez le zeste de citron vert et décorez avec des feuilles d'ananas.

POUR 4/6 PERSONNES

VACHERIN EXOTIK

ANANAS RÔTI

1	ANANAS VICTORIA
1	POMME GRANNY SMITH
	LE JUS DE 1 CITRON

CHANTILLY RHUM-VANILLE

300 G	DE CRÈME LIQUIDE
60 G	DE MASCARPONE
30 G	DE CASSONADE
1	GOUSSE DE VANILLE
15 CL	DE RHUM BRUN

DRESSAGE

1/4 DE L	DE SORBET AU FRUIT DE LA PASSION
1/4 DE L	DE SORBET À LA NOIX DE COCO
100 G	DE PETITES MERINGUES

PRÉPARATION 10 MIN CUISSON 2 H REPOS 20 MIN

Ananas rôti

01.

Préchauffez le four à 200 °C (th. 7). Coupez le toupet de l'ananas. Faites cuire l'ananas au four, avec la peau, pendant 2 h. Laissez-le refroidir. Épluchez-le, enlevez le cœur et les yeux, coupez-le en morceaux, puis mixez la chair pour obtenir une marmelade.

02.

Lavez la pomme et coupez-en une petite partie en fines lamelles pour le dressage. Réservez-les dans de l'eau avec le jus de citron pour la décoration. Taillez le reste de la pomme en fine brunoise. Ajoutez les dés de pomme à la marmelade d'ananas et mélangez.

Chantilly rhum-vanille

04.

Dans le plat sorti du congélateur, disposez la moitié de la marmelade d'ananas, puis dressez des boules de sorbet au fruit de la Passion et à la noix de coco. Ajoutez ensuite la marmelade restante et les meringues.

05.

Dressez la chantilly à l'aide de la poche, puis piquez-la avec les lamelles de pomme.

POUR 6 PERSONNES

TIRAMISU MARRON-CAFÉ

200G DE CRÈME DE MARRON
100G DE PURÉE DE MARRON
LE ZESTE DE 1 CITRON
4 EXPRESSOS
12 BOUDOIRS
50G DE CHOCOLAT NOIR
50G DE SUCRE GLACE
50G DE CACAO EN POUDRE
1 MARRON GLACÉ

CRÈME LÉGÈRE AU MASCARPONE

200G DE MASCARPONE
200G DE CRÈME LIQUIDE
50G DE SUCRE
2 ŒUFS (100G)

Un jour, j'ai goûté un dessert marron-café chez mon pote Akrame... Top mortel !

PRÉPARATION 20 MIN

01.

Mélangez la crème de marron à la purée.

ASTUCE

Si vous n'avez pas de purée de marron, mixez des marrons sous vide.

02.

Dans un robot pâtissier, mélangez le mascarpone, la crème, le sucre et les œufs, d'abord à vitesse moyenne puis élevée.

ASTUCE

Pour que la crème monte facilement, tous les ingrédients doivent être bien froids.

03.

Zestez le citron dans le café. Imbibez-en les boudoirs afin de les ramollir. Disposez la moitié de la crème de marron dans un plat. Placez régulièrement les boudoirs et recouvrez du reste de crème de marron.

04.

Placez la crème au mascarpone dans une poche munie d'une douille unie, puis dressez-la sur les boudoirs.

05.

Concassez le chocolat et répartissez les éclats sur la crème de marron. Saupoudrez de sucre glace et de cacao. Concassez également le marron glacé, puis ajoutez les morceaux sur le tiramisu.

ASTUCE

Vous pouvez utiliser une cuillère au lieu d'une poche à douille.

Réalisez le tiramisu la veille, il n'en sera que meilleur.

MOUSSE GLACÉE CARAMEL SUZETTE

MOUSSE GLACÉE AU CHOCOLAT AU LAIT

3	JAUNES D'ŒUFS (60 G)
100 G	DE MIEL
80 G	DE SUCRE
160 CL	DE LAIT
240 G	DE CHOCOLAT AU LAIT
240 G	DE CRÈME LIQUIDE

CARAMEL SUZETTE

75 G	DE JUS D'ORANGE
	LE ZESTE DE 1 ORANGE
25 G	DE GLUCOSE
40 G	DE CHOCOLAT NOIR
70 G	DE BEURRE
100 G	DE SUCRE

DRESSAGE

1	ORANGE
1 POIGNÉE	DE POP CORN CARAMÉLISÉ
1 POIGNÉE	DE NOISETTES CARAMÉLISÉES (ACHETÉES DANS LE COMMERCE)

Merci à mon ami P. Urraca de m'avoir délivré cette recette exceptionnelle de caramel suzette de ouf !!!

PRÉPARATION 30 MIN
CUISSON 10 MIN
REPOS 1 NUIT

01. Mousse glacée

La veille, mélangez dans un saladier les jaunes d'œufs, le miel et le sucre. Faites bouillir le lait, versez-le, et mélangez de nouveau. Reversez le mélange dans la casserole et faites cuire à petit frémissement jusqu'à obtenir une crème un peu épaisse.

02.

Faites fondre le chocolat dans une casserole et ajoutez-le à la préparation. Transvasez-la dans un récipient, filmez au contact, puis placez au réfrigérateur.

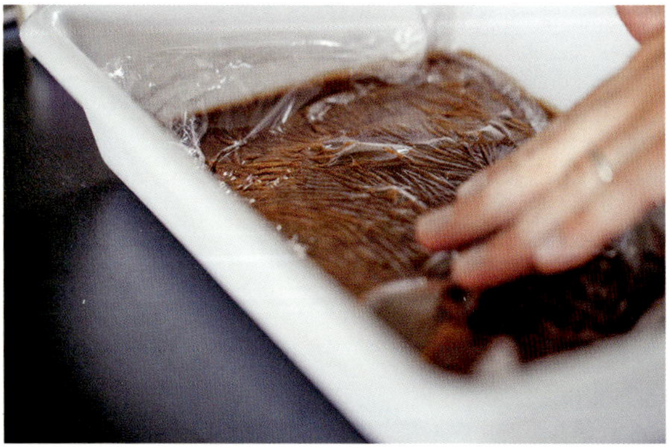

Caramel suzette

03.

Faites chauffer le jus d'orange avec le zeste au four à micro-ondes jusqu'à ce qu'il soit très chaud. Pendant ce temps, faites fondre le glucose et le sucre dans une casserole jusqu'à obtenir un caramel fumant. Mettez sur feu doux, puis versez le jus en plusieurs fois, jusqu'à ce que le mélange soit homogène.

Versez sur le chocolat en trois fois et mélangez bien. Laissez refroidir, recouvrez de film alimentaire, puis réservez.

05.

Montez la crème à l'aide d'un fouet, mélangez-la à la mousse, disposez-la dans un plat rond de 15 cm de diamètre, et placez au congélateur pendant 1 nuit.

06. Dressage

Le jour même, placez le caramel à température ambiante et prélevez les suprêmes de l'orange. Versez le caramel sur la mousse, puis disposez le popcorn, les noisettes caramélisées et les suprêmes de l'orange.

POUR 6 PERSONNES

FANTASTIK FIGUE POIRE PÉCAN

PÂTE À LINZER CITRON

60G DE SUCRE GLACE
180G DE BEURRE
4G DE SEL
160G DE FARINE T55
30G DE FÉCULE
1,5G DE ZESTE DE CITRON

CHANTILLY

175G DE CRÈME LIQUIDE
40G DE PÂTE D'AMANDE
1/2 GOUSSE DE VANILLE
2CL D'ALCOOL DE POIRE

DRESSAGE

4 FIGUES
15 FRAMBOISES
1 POIGNÉE DE NOIX DE PÉCAN CONCASSÉES
2 C. À S. DE CONFITURE DE FRAMBOISE
SUCRE

PRÉPARATION 20 MIN **CUISSON 30 MIN** **REPOS 1 H**

Chantilly

01.

Mixez la crème avec la pâte d'amande dans un petit robot ménager. Si besoin, passez le mélange au chinois pour enlever les petits morceaux. Ajoutez les grains de la gousse de vanille, puis montez à l'aide d'un fouet avec l'alcool de poire. Mettez dans une poche munie d'une douille cannelée.

Pâte à linzer citron

02.

Préchauffez le four à 160°C (th. 5-6).
Tamisez le sucre glace. Placez tous les ingrédients dans un saladier, mélangez à la main pour obtenir une pâte à la consistance ferme. Étalez-la dans un cercle à tarte de 18cm de diamètre et de 2cm de hauteur. Faites cuire au four pendant 30 min. Laissez refroidir 1h.

03. Dressage

Pendant ce temps, ôtez le pédoncule de 2 figues, coupez-les en deux, puis en quartiers, et sucrez-les ainsi que les framboises. Faites torréfier les noix de pécan concassées. Récupérez la chair des 2 figues restantes et mélangez-la à la confiture.

04.

Couvrez le sablé du mélange figues-confiture. Pochez la chantilly par-dessus, puis disposez les quartiers de figues, les framboises et les éclats de noix torréfiées.

Avec Vincent Geslain...

POUR 8 PERSONNES PRÉPARATION 20 MIN CUISSON 4 MIN REPOS 1 NUIT

OMELETTE FRANÇAISE

1 CAKE ACHETÉ CHEZ VOTRE BOULANGER
SUCRE GLACE

SORBETS

1 L DE SORBET À LA FRAISE
1 L DE SORBET AU CITRON

MERINGUE

3 BLANCS D'ŒUFS (90 G)
90 G DE SUCRE
1 CITRON

01.

La veille, taillez un rectangle à l'intérieur du cake de façon à l'évider. Pour cela, commencez par couper horizontalement le haut du cake puis, à la verticale, chacun des quatre côtés. Récupérez la partie supérieure pour en faire un couvercle.

02.

Garnissez le cake de sorbet à la fraise et au citron. Replacez le couvercle par-dessus et laissez 1 nuit au congélateur.

03.

Le jour même, montez les blancs d'œufs en neige tout en versant le sucre en plusieurs fois. Râpez le zeste du citron et ajoutez-le à la meringue. Placez la préparation dans une poche munie d'une douille cannelée.

04.

Déposez le cake sur un tapis Silpat® et recouvrez-le de meringue sur 5mm d'épaisseur maximum, en commençant par les parois.

ASTUCE

Dès que vous avez sorti le cake du congélateur, ajoutez la meringue très rapidement pour que la glace n'ait pas le temps de fondre !

05.

Saupoudrez le cake de sucre glace et enfournez à 240 °C (th. 8) pendant 4 min.

ASTUCE

Vous pouvez recouvrir le cake de meringue à l'aide d'une cuillère si vous n'avez pas de poche à douille.

POUR 4 PERSONNES

BOLO SUCRÉE

250G DE SPAGHETTI
2L DE LAIT
2 GOUSSES DE VANILLE
3 C. À S. DE SUCRE
8 FRAISES
10 MYRTILLES
10 FRAMBOISES
3 C. À S. DE CONFITURE DE FRAISE
50G DE CHOCOLAT BLANC

PRÉPARATION 20 MIN

CUISSON 30 MIN

01.

Faites chauffer le lait avec la gousse de vanille grattée et le sucre. Coupez les spaghetti en deux et faites cuire dans le lait le temps indiqué sur le paquet afin d'obtenir une cuisson al dente. Surveillez bien la cuisson.

02.

Lavez les fruits. Coupez les fraises en dés, les myrtilles et les framboises en deux. Placez-les dans un bol, ajoutez la confiture et mélangez.

03.

Égouttez les pâtes. Mettez-les dans un bol, ajoutez les fruits rouges et râpez le chocolat blanc par-dessus.

DESSERTS DE PRESTIGE

CUISSON 1 H

PRÉPARATION 20 MIN

POUR 4 PERSONNES

FRAISE MELBA

600 G DE FRAISES
LE ZESTE DE 1 CITRON
30 G DE SUCRE
300 G DE CRÈME LIQUIDE
30 G DE MASCARPONE
20 CL DE LAIT CONCENTRÉ SUCRÉ NESTLÉ®
LES GRAINS DE 1/2 GOUSSE DE VANILLE
20 CL D'EAU DE FLEUR D'ORANGER
1 C. À S. DE CONFITURE DE FRAISE
1L DE GLACE À LA VANILLE
4 SHORTBREADS

01.

Lavez et équeutez les fraises, puis coupez-en la moitié en morceaux. Placez-les dans une casserole, ajoutez le zeste de citron et le sucre. Faites cuire au bain-marie pendant 1 h, puis filtrez la préparation dans une passoire pour récupérer le jus.

02.

Dans la cuve d'un batteur muni du fouet, mélangez la crème, le mascarpone, le lait Nestlé®, les grains de la gousse de vanille et l'eau de fleur d'oranger. Montez cette préparation en chantilly et placez-la dans une poche.

03.

Coupez 20 fraises en deux et répartissez-les dans quatre coupes, contre les parois. Coupez 8 fraises en morceaux, mélangez-les à la confiture de fraise et disposez-les au fond de chaque coupe. Ajoutez 1 boule de glace à la vanille et émiettez les shortbreads.

04.

Pochez la chantilly par-dessus. Coupez les fraises restantes en rondelles et placez-les sur la chantilly. Versez un peu de jus de fraise et servez.

 PRÉPARATION 30 MIN POUR 4 PERSONNES

FORÊT-NOIRE

8	PETITS COOKIES AU CHOCOLAT
2 C. À S.	DE CONFITURE DE FRAMBOISE
2 C. À S.	DE GELÉE DE GRIOTTE AMARÉNA
10	GRIOTTES AMARÉNAS
10 CL	DE JUS DE GRIOTTE AMARÉNA
300 G	DE CRÈME LIQUIDE
30 G	DE MASCARPONE
20 CL	DE KIRSCH
1/2	GOUSSE DE VANILLE
50 G	DE CHOCOLAT NOIR
4	CERISES
	UN PEU DE SUCRE GLACE
	UN PEU DE FEUILLE D'OR ALIMENTAIRE

01.

Mélangez la confiture de framboise et la gelée de griotte.
Rincez les griottes pour ôter l'excédent de sirop et émincez-les.

02.

Coupez la moitié des cookies avec un emporte-pièce plus petit. Mélangez le jus de griotte à 10 cl d'eau. Imbibez les cookies dans ce jus, placez-les dans des coupelles et couvrez-les de confiture. Ajoutez les griottes émincées.

03.

Mélangez la crème, le mascarpone, le kirsch et les grains de la gousse de vanille, puis montez à l'aide d'un fouet. Placez dans une poche, puis pochez sur les plus grands cookies. Surmontez des plus petits cookies, puis pochez à nouveau un peu de crème pour que le dessert ressemble à une religieuse.

04.

Saupoudrez de sucre glace puis de copeaux de chocolat noir. Lavez et coupez les cerises en deux, puis ajoutez-les, ainsi qu'un peu de feuille d'or.

POUR 4 PERSONNES

POIRE BELLE-HÉLÈNE

3 POIRES
20 G DE MIEL
200 G DE CHOCOLAT NOIR
200 G D'EAU
1 L DE GLACE À LA VANILLE

MOUSSE CHOCOLAT CUITE

250 G DE CHOCOLAT NOIR
100 G DE BEURRE DEMI-SEL
50 G DE SUCRE MUSCOVADO
OU RAPADURA BIO
4 JAUNES D'ŒUFS (80 G)

CHANTILLY

300 G DE CRÈME LIQUIDE
30 G DE MASCARPONE
1 GOUSSE DE VANILLE
20 CL DE LAIT NESTLÉ®

PRÉPARATION 20 MIN **CUISSON 25 MIN** **REPOS 1 H**

01.

Épluchez 2 poires et coupez-les en petits cubes. Mettez-les dans une poêle et faites-les cuire 3 min avec le miel. Répartissez-les dans quatre pots passant au four.

Mousse chocolat cuite

02.

Préchauffez le four à 100 °C (th. 3-4). Dans une casserole, faites fondre le beurre et le chocolat. Ajoutez le sucre et les jaunes d'œufs, puis mélangez. Versez la mousse sur la brunoise de poire. Faites cuire pendant 10 min et laissez 1 h à température ambiante.

03.

Chantilly

Récupérez les grains de la gousse de vanille. Mélangez tous les ingrédients de la chantilly et montez-la à l'aide d'un fouet.
Coupez de fines tranches dans la poire non pelée.

04. Mettez un peu de chocolat de côté pour réaliser des copeaux et, dans une casserole, faites fondre le reste avec 20 cl d'eau. Placez 1 boule de glace à la vanille dans chaque pot, puis pochez de la chantilly par-dessus. Parsemez de copeaux de chocolat et de lamelles de poire, puis versez la sauce chocolat.

POUR 4 PERSONNES **PRÉPARATION 30 MIN** **CUISSON 1H30**

BANANE & CO

6 BANANES FRESSINETTES
50 CL DE RHUM
100 G DE RAISINS SECS BLONDS
20 G DE BEURRE
20 G DE SUCRE
1 L DE GLACE RHUM RAISINS VANILLE

<u>BANANES ÉCRASÉES</u>

2 BANANES
1 CITRON VERT
1 PINCÉE DE SUCRE

<u>TUILE BANANE</u>

1 BANANE
60 G DE BEURRE
60 G DE SUCRE
60 G DE FARINE
5 CL DE LAIT

Bananes écrasées

01.

Préchauffez le four à 180 °C (th. 6). Faites rôtir les bananes non épluchées au four pendant 1 h. Épluchez-les, coupez-les en morceaux et écrasez-les dans un saladier à l'aide d'une fourchette. Ajoutez le zeste du citron vert et le jus d'une moitié, puis une pincée de sucre.

02.

Faites fondre le beurre au four à micro-ondes. Ajoutez le sucre et la farine, puis mélangez et versez le lait. Épluchez la banane et émincez-la. Ajoutez les morceaux à la pâte et mélangez bien pour les casser.

Tuile banane

03.

Versez la préparation sur un tapis Silpat® posé sur une plaque de cuisson et étalez-la finement à l'aide d'une spatule ou d'une cuillère. Enfournez pendant 20 min jusqu'à ce qu'elle soit bien dorée et laissez refroidir.

04.

Dans une casserole, faites chauffer le rhum avec les raisins secs jusqu'à 50 °C, puis versez dans un bol. Épluchez les bananes fressinettes, coupez-les en deux dans la longueur, puis faites-les caraméliser à la poêle avec le beurre et le sucre. Retournez-les et laissez cuire quelques minutes. Placez-les sur du papier cuisson.

ASTUCE

Mélangez 100 g de beurre à 100 g de sucre et conservez ce mélange au réfrigérateur pour en avoir toujours sous la main. Cela vous servira pour toutes vos poêlées sucrées !

05.

Placez un peu de compotée de banane dans chaque assiette et ajoutez par-dessus les bananes caramélisées. Ajoutez quelques raisins secs au rhum, puis 1 boule de glace et des morceaux de tuile à la banane.

PRÉPARATION 20 MIN **CUISSON 40 MIN**

POUR 6 PERSONNES

FIGUE À LA SANGRIA

JUS DE FIGUE

4 GROSSES FIGUES
100 G DE PURÉE DE CASSIS
200 G DE BANYULS
LE ZESTE DE 1 ORANGE

CRÈME AMANDINE

60 G DE POUDRE D'AMANDE
60 G DE BEURRE MOU
60 G DE SUCRE GLACE
2 ŒUFS (75 G)
2 G DE MAÏZENA®
2 FIGUES

DRESSAGE

50G DE BRIOCHE
3 FIGUES
UN PEU DE SUCRE GLACE

01.

Faites chauffer la purée de cassis et le banyuls dans une casserole, puis laissez réduire légèrement. Ajoutez le zeste d'orange.

Jus de figue

02.

Lavez les figues, ôtez leur pédoncule et coupez-les en morceaux. Ajoutez-les dans la purée et laissez de nouveau réduire pendant 5 min environ, jusqu'à l'obtention d'un mélange sirupeux. Mixez au blender plongeant et laissez refroidir.

Crème amandine

03.

Préchauffez le four à 180 °C (th. 6). Mélangez le beurre mou et le sucre glace, ajoutez les œufs, la Maïzena® et la poudre d'amande. Mélangez énergiquement au fouet. Versez la crème amandine dans un plat allant au four d'environ 15 cm de diamètre.

04.

Lavez les figues et coupez-les en morceaux. Placez-les sur la crème en les enfonçant légèrement et enfournez pour 20 min.

Dressage

05.

Coupez la brioche en cubes et faites-les griller pendant 20 min au four.
Versez le jus de figue sur l'amandine et ajoutez les cubes de brioche caramélisés. Lavez les figues, coupez-les en morceaux, saupoudrez-les de sucre glace et déposez-les également sur le dessert. Servez tiède.

PAIN D'ÉPICES, AUTREMENT

100 G DE PAIN D'ÉPICES
260 G D'EAU
260 G DE CRÈME LIQUIDE FLEURETTE
60 G DE CASSONADE
2 G DE PECTINE X 58
5 JAUNES D'ŒUFS (100 G)
LE ZESTE DE 1 ORANGE
1 G DE FLEUR DE SEL
3 C. À S. DE MARMELADE DE MANDARINE
1 POIGNÉE DE NOISETTES CARAMÉLISÉES

01.

Placez six assiettes creuses au congélateur. Coupez le pain d'épices en petits cubes. Faites chauffer l'eau et la crème dans une casserole, puis ajoutez la moitié du pain d'épices.

PRÉPARATION 10 MIN

CUISSON 10 MIN

02.

Mélangez la cassonade et la pectine, ajoutez-les au mélange, puis portez à ébullition pendant 5 à 10 min.

03.

Ajoutez les jaunes d'œufs hors du feu et mixez au blender plongeant. Ajoutez le zeste d'orange et la fleur de sel.

04. Versez dans les assiettes. Disposez la marmelade de mandarine, ajoutez des cubes de pain d'épices et des noisettes caramélisées.

PRÉPARATION 20 MIN · CUISSON 8 MIN · REPOS 1 NUIT

POUR 10 PERSONNES

FRAISES DES BOIS RÉGLISSE

200 G DE FRAISES DES BOIS
1 ROULEAU DE RÉGLISSE
300 G DE CRÈME LIQUIDE
35 CL DE LAIT CONCENTRÉ SUCRÉ NESTLÉ®
60 G DE BEURRE
60 G DE FARINE
2 BLANCS D'ŒUFS (60 G)
60 G DE SUCRE GLACE

01.

La veille, déroulez le réglisse, placez-le dans une casserole avec la crème, et faites chauffer jusqu'à ce qu'il ait fondu. Ajoutez le lait concentré et laissez reposer 1 nuit au frais. Le jour même, montez cette préparation au fouet et placez en poche.

02.

Préchauffez le four à 180°C (th. 6). Faites fondre légèrement le beurre au four à micro-ondes, versez la farine et mélangez au fouet, puis ajoutez les blancs d'œufs et le sucre glace.

03.

À l'aide d'une cuillère, étalez finement de la pâte sur 10 cm de diamètre sur une plaque antiadhésive.
Faites cuire au four pendant 8 min en surveillant la coloration.

04.

Récupérez les tuiles. Moulez-les à l'aide d'un pot afin de leur donner une forme d'aumônière.

05.

Pochez de la chantilly à l'intérieur des tuiles et ajoutez les fraises des bois. Saupoudrez de sucre glace.

4 PAMPLEMOUSSES
1 C. À S. DE MIEL D'ACACIA
1 FEUILLE DE GÉLATINE
20 FEUILLES DE MENTHE

POUR 4 PERSONNES

PAMPLEMOUSSE GIVRÉ

PRÉPARATION 20 MIN **CUISSON 10 MIN** **REPOS 1 NUIT**

01.

La veille, tranchez 2 pamplemousses en deux et coupez les 2 autres en réalisant des entailles. Videz et récupérez le jus et la chair de tous les agrumes, et réservez les coques des pamplemousses à entailles pour le dressage.

02.

Faites tremper la gélatine dans un peu d'eau. Dans une casserole, faites chauffer sur feu doux la chair et le jus de pamplemousse avec le miel.

03.

Gardez quelques feuilles de menthe pour le décor et ajoutez le reste lorsque le mélange est chaud.
Laissez chauffer doucement sans ébullition.
Ajoutez la gélatine essorée et laissez-la se dissoudre.
Filtrez dans une passoire et placez au congélateur pendant 1 nuit.

04.

Le jour même, réalisez un granité : grattez le jus de pamplemousse congelé avec une fourchette. Placez-le dans les coques de pamplemousses et ajoutez quelques feuilles de menthe.

DESSERTS DE FÊTES

 POUR 6 PERSONNES PRÉPARATION 20 MIN CUISSON 25 MIN

BÛCHE DE NOËL

BISCUIT PÂTE À CHOUX

- 65 G DE BEURRE
- 75 G DE LAIT
- 75 G D'EAU
- 83 G DE SUCRE
- 3 G DE SEL
- 70 G DE FARINE
- 50 G D'HUILE DE PÉPINS DE RAISIN
- 3 ŒUFS (150 G)
- 5 BLANCS D'ŒUFS

CRÈME MARRON ALLÉGÉE

- 350 G DE CRÈME DE MARRON
- 150 G DE PURÉE DE MARRON
- 15 CL DE CRÈME LIQUIDE
- 5 CL DE RHUM

DRESSAGE

UN PEU DE SUCRE GLACE
QUELQUES MARRONS GLACÉS CONCASSÉS

Merci à Philippe Conticini, qui m'a donné la recette de ce biscuit pâte à choux de ouf !

Biscuit pâte à choux

01.

Préchauffez le four à 170 °C (th. 6). Placez le beurre, le lait, l'eau, 3 g de sucre et le sel dans une casserole, puis faites cuire pendant 20 min en mélangeant au fouet de temps en temps.

02.

Hors du feu, ajoutez la farine et continuez de mélanger au fouet jusqu'à ce que la préparation se détache des parois. Placez-la dans un saladier, versez l'huile et battez encore. Ajoutez les œufs un à un et fouettez de manière à obtenir une pâte homogène et souple.

03.

Montez les blancs en neige avec les 80 g de sucre restants. Incorporez la meringue à la pâte à choux en trois fois, en mélangeant délicatement à l'aide d'une spatule pour obtenir un mélange homogène.

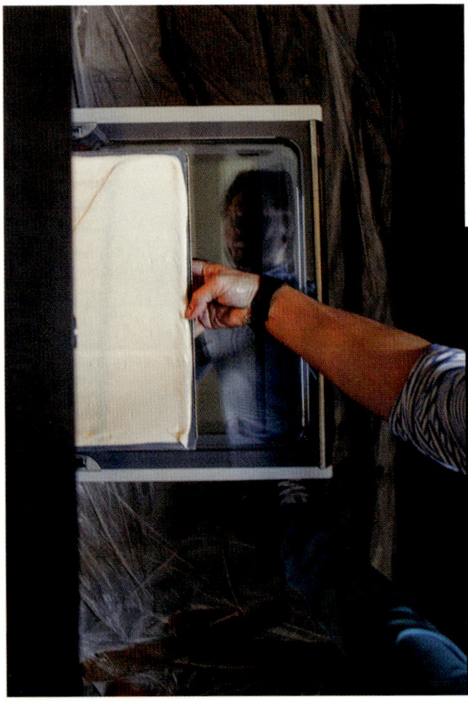

04.

Versez la pâte sur un tapis Silpat® posé sur une plaque de cuisson. Lissez à l'aide d'une spatule ou d'une cuillère et nettoyez les bords du tapis à l'aide du pouce. Enfournez pendant 15 min, puis laissez refroidir.

05.

Mélangez la crème de marron, la purée de marron, la crème liquide et le rhum dans un petit robot ménager jusqu'à ce que le mélange soit homogène. Versez-le dans un saladier. Mélangez bien et placez dans une poche munie d'une douille spaghetti.

ASTUCE

Le mélange de la crème de marron et de la purée de marron permet d'alléger la préparation en sucre.

Dressage

06.

Lorsque le biscuit est froid, tracez dans la longueur un trait de crème, puis roulez-le délicatement. Placez-le sur du papier cuisson épais, roulez-le en serrant bien. Coupez les extrémités pour un rendu plus net et saupoudrez de sucre glace.

07.

Pochez de la crème marron allégée le long du gâteau. Ajoutez quelques éclats de marrons glacés et quelques feuilles de papier plastique coloré pour la décoration.

POUR 6 PERSONNES

GÂTEAU D'ANNIVERSAIRE

MOUSSE CHOCO LAIT

200 G DE CHOCOLAT AU LAIT
300 G DE CRÈME LIQUIDE

DACQUOISE NOISETTE

50 G DE POUDRE DE NOISETTE
3 BLANCS D'ŒUFS (90 G)
35 G DE POUDRE D'AMANDE
20 G DE SUCRE
1/2 PINCÉE DE SEL
80 G DE SUCRE GLACE

CROUSTILLANT PRALINÉ

10 G DE BEURRE
30 G DE CHOCOLAT AU LAIT
60 G DE PÂTE DE NOISETTE
60 G DE PRALINÉ NOISETTE
60 G DE GAVOTTES® CONCASSÉES
1 POIGNÉE D'ÉCLATS DE NOISETTES GRILLÉES

DRESSAGE

QUELQUES M&M'S®
1 PAQUET DE MIKADO®

PRÉPARATION 30 MIN **CUISSON 30 MIN** **REPOS 1 NUIT**

Mousse choco lait

01.

La veille, concassez le chocolat et faites bouillir la crème. Versez-la sur le chocolat, mélangez, puis placez 1 nuit au réfrigérateur.
Le jour même, montez la mousse à l'aide d'un robot pâtissier muni d'un fouet et placez-la dans une poche munie d'une douille saint-honoré.

Dacquoise noisette

02.

Montez les blancs en neige. Laissez reposer quelques secondes, puis fouettez de nouveau quelques instants.

ASTUCE

Si vous n'avez pas de poudre de noisette, mixez des noisettes entières dans un petit robot ménager.

03.

Dans un saladier, mélangez la poudre de noisette, la poudre d'amande, le sucre, le sel et le sucre glace. Ajoutez cette préparation aux blancs d'œufs et mélangez. Versez dans un cercle de 18 cm de diamètre placé sur une feuille de papier cuisson, lissez à l'aide d'une spatule, et laissez cuire 20 min à 170 °C (th. 6).

Croustillant praliné

04.

Faites fondre dans une casserole le beurre et le chocolat, ajoutez la pâte de noisette, le praliné et les Gavottes® concassées.
Versez le mélange sur la dacquoise démoulée et parsemez d'éclats de noisettes grillées.

05.

Dressage

Pochez la mousse sur le gâteau. Décorez de quelques M&M's® et de Mikado®.

 POUR 1 ŒUF PRÉPARATION 30 MIN CUISSON 15 MIN

ŒUF DE PÂQUES

600 G DE CHOCOLAT NOIR DE BONNE QUALITÉ
QUELQUES COQUILLES D'ŒUFS
QUELQUES M&M'S®

01.

Cassez le chocolat en morceaux, mixez-le grossièrement dans un petit robot ménager, puis faites-en fondre un tiers à la casserole, sans dépasser 40°C. Ajoutez le chocolat restant et laissez fondre à 30°C, puis mélangez hors du feu.

ASTUCE

Trempez un petit morceau de papier cuisson dans le chocolat fondu pour vérifier s'il fige bien.

02.

Versez la moitié du chocolat fondu dans une coque à œuf de 15 cm de hauteur.
Retournez-la et tapotez-la pour ôter l'excédent de chocolat, puis remuez-la pour qu'il soit bien réparti.
Placez la coquille au réfrigérateur et procédez de même pour l'autre partie.
Reprenez la première coque et renouvelez l'opération afin de réaliser une seconde couche.
Faites de même pour l'autre moitié et placez au réfrigérateur.

03.

Placez un cercle de 8 cm de diamètre sur du film alimentaire et remplissez-le de chocolat fondu : cette préparation servira de socle à l'œuf. Réservez au réfrigérateur.

04.

Préchauffez le four à 180 °C (th. 6). Démoulez les deux coques à œuf. Enfournez une plaque de cuisson pendant 30 s, puis sortez-la.
Placez-y les coques quelques instants pour que leur bord fonde très légèrement. Ôtez-les de la plaque, assemblez-les et laissez-les sécher.

05.

Rayez l'œuf à l'aide d'une brosse en fer pour obtenir un effet mat.

06.

Démoulez le socle. Replacez la plaque pendant 30 s au four et faites-y fondre très légèrement l'œuf sur sa base, puis posez-le sur le socle. Collez les coquilles à l'aide d'un point de chocolat. Ajoutez des M&M's® dans les coquilles et fixez-en également quelques-uns sur l'œuf.

PRÉPARATION 15 MIN

CUISSON 15 MIN

POUR 2 PERSONNES
(4 SABLÉS)

SABLÉS DE LA SAINT-VALENTIN

90 G DE BEURRE MOU
LE ZESTE DE 1 CITRON
15 G DE FÉCULE
80 G DE FARINE
2 G DE FLEUR DE SEL
30 G DE SUCRE GLACE + 20 G POUR LE DRESSAGE
4 C. À S. DE CONFITURE DE FRAMBOISE-ROSE
24 FRAMBOISES
QUELQUES PÉTALES DE ROSE

01.

Préchauffez le four à 170°C (th. 6). Placez le beurre mou dans un saladier, ajoutez le zeste de citron, la fécule, la farine, la fleur de sel et le sucre glace. Mélangez délicatement avec les mains.

02.

Disposez la pâte sur un tapis Silpat®, recouvrez-la de papier cuisson, puis étalez-la au rouleau à pâtisserie sur 4 mm d'épaisseur.

03.

À l'aide de quatre emporte-pièces en forme de cœur, réalisez 4 sablés dans la pâte, mais sans les retirer. Ôtez l'excédent de pâte et faites cuire au four pendant 15 min.

ASTUCE

Conservez l'excédent de pâte pour une autre préparation.

04.

Étalez 1 c. à s. de confiture de framboise-rose sur chaque sablé, répartissez les framboises dessus, puis saupoudrez 2 sablés de sucre glace. Avec une douille ronde, réalisez des cercles dans les pétales de rose. Placez les sablés sur une assiette et décorez avec les ronds de rose et des pétales entiers.

Bonne
Année

GÂTEAU DU NOUVEL AN

CROUSTILLANT

50 G DE GIANDUJA
50 G DE CACAHUÈTES SALÉES CONCASSÉES
25 G DE GAVOTTES® CONCASSÉES
50 G DE SHORTBREADS

CRÈME GIANDUJA

50 G DE CRÈME LIQUIDE
7 G DE LAIT
150 G DE GIANDUJA LAIT-NOISETTE

DRESSAGE

10/12 BISCUITS BOUDOIRS
20 CL DE CAFÉ
QUELQUES BILLES DE CHOCOLAT
50 G DE CHOCOLAT NOIR CONCASSÉ
UN PEU DE CACAO EN POUDRE

PRÉPARATION 20 MIN
CUISSON 10 MIN
REPOS 6 H

Croustillant

01.

Filmez un cercle à tarte de 18 cm de diamètre, placez-le sur un carton à dessert et ajoutez tout autour une feuille de rodoïd de 5 cm de large.

ASTUCE

Vous pouvez remplacer le rodoïd par une feuille de papier cuisson épais.

02.

réchauffez le four à 160 °C (th. 5-6).
aites fondre le gianduja au four
 micro-ondes pendant 30 s à 900 w.
aites torréfier les cacahuètes concassées
u four 10 min. Mélangez le gianduja et
es Gavottes® concassées, puis ajoutez les
acahuètes. Émiettez les shortbreads et
joutez-les également. Placez cette préparation
ans le cercle à tarte et étalez-la à l'aide
'une cuillère. Réservez au réfrigérateur.

Crème gianduja

03.

Versez la crème et le lait dans une casserole, puis portez à ébullition. Coupez le gianduja en morceaux, versez-le dans la crème, puis faites-le dissoudre à l'aide d'un fouet : mélangez bien pour que la préparation soit lisse et homogène.

04.

Versez le mélange sur le croustillant. Placez 2 h au réfrigérateur : la ganache doit être figée mais pas prise

Dressage

05.

Trempez les boudoirs dans le café et coupez-les en morceaux. Disposez-les sur la ganache ainsi que les billes de chocolat, puis placez le gâteau au réfrigérateur pendant 4 h. Parsemez de chocolat concassé et saupoudrez de cacao. Soufflez dans un ballon et écrivez au feutre indélébile dessus, puis posez-le sur le gâteau.

PRÉPARATION 20 MIN CUISSON 1 H 10 REPOS 1 NUIT

POUR 10 PERSONNES

GÂTEAU FÊTE DES MÈRES

BAVAROISE À LA FRAMBOISE

400 G DE PULPE DE FRAMBOISE
45 G DE CASSONADE
5 FEUILLES DE GÉLATINE
300 G DE CRÈME LIQUIDE

BISCUITS IMBIBÉS

300 G DE FRAMBOISES
30 G DE SUCRE
LE ZESTE DE 1 CITRON VERT
270 G DE BISCUITS ROSES DE REIMS

DRESSAGE

QUELQUES FRAMBOISES
CONFITURE DE FRAMBOISE
QUELQUES PENSÉES

Bavaroise à la framboise

01.

La veille, faites tremper la gélatine dans un peu d'eau froide.
Dans une casserole, faites chauffer la pulpe de framboise et ajoutez la cassonade. Laissez-en un quart dans la casserole et versez le reste dans un saladier.
Remettez la casserole sur le feu, faites chauffer à 50°C, puis dissolvez-y la gélatine essorée. Versez le mélange dans le saladier et laissez refroidir.

02.

Montez la crème en chantilly et ajoutez-la à la purée froide. Mélangez au fouet, puis à la spatule.

03. Biscuits imbibés

Préparez le jus de framboise : mettez les framboises et le sucre dans un saladier et couvrez de film alimentaire. Faites cuire au bain-marie pendant 1 h, puis passez au chinois. Placez un cercle de 18 cm de diamètre sur un carton ou une assiette. Filmez-le et placez tout autour un rodoïd ou une feuille de papier cuisson épais. Faites tremper les biscuits dans le jus de framboise. Répartissez-les dans le fond du cercle et à la verticale, sur les bords. Si nécessaire, coupez des morceaux de biscuits pour bien couvrir toute la surface et combler les vides.

04. Remplissez de bavaroise à mi-hauteur, trempez de nouveau des boudoirs dans le jus de framboise et répartissez-les sur la bavaroise. Versez le reste de la bavaroise et placez au réfrigérateur pour 24 h.

Dressage

05.

Le jour même, sur le dessus du gâteau, décorez de framboises et emplissez-les de confiture à l'aide d'un cornet. Parsemez de pensées.

ASTUCE

Pour réaliser le cornet, découpez une feuille de papier cuisson en triangle. Roulez-le pour former un cône, puis repliez l'extrémité pour le fermer. Pour vérifier s'il tient bien, faites-le tomber : il ne doit pas se défaire.

POUR 6 PERSONNES

GÂTEAU FÊTE DES PÈRES

CROUSTILLANT COCO

150 G DE SABLÉS COCO DU COMMERCE
50 G DE CHOCOLAT BLANC
1 GOUSSE DE VANILLE
1 C. À S. D'HUILE D'OLIVE

MOUSSE COCO ALLÉGÉE

90 G DE PULPE DE COCO
LES 2/3 D'UNE FEUILLE DE GÉLATINE
10 G DE SUCRE
80 G DE CRÈME LIQUIDE

DRESSAGE

1 ANANAS
1 MANGUE
100 G DE CHOCOLAT PLASTIQUE
100 G DE GAVOTTES®
UN PEU DE SUCRE GLACE
LE ZESTE DE 1 CITRON VERT

PRÉPARATION 45 MIN **CUISSON 20 MIN** **REPOS 2 H**

Croustillant coco

01.

Dans une casserole sur feu doux, faites fondre le chocolat blanc à moins de 45 °C. Ajoutez les grains de la gousse de vanille. Émiettez les sablés et ajoutez-les au chocolat pour obtenir une texture sableuse. Versez l'huile d'olive.

02.

Filmez un cercle à tarte de 18 cm de diamètre. Ajoutez tout autour une feuille de rodoïd ou de papier cuisson épais. Déposez-le sur un carton à dessert. Étalez le croustillant au fond du cercle. Lissez-le et tassez-le à l'aide d'une cuillère.

Mousse coco allégée

03.

Faites tremper la gélatine dans un peu d'eau. Dans une casserole, faites chauffer la pulpe de coco avec le sucre, versez-en les deux tiers dans un saladier et faites chauffer le reste à 50 °C. Ajoutez la gélatine ramollie au reste de la préparation, mélangez, puis laissez refroidir. Montez la crème en chantilly et ajoutez-la à la préparation froide.

Dressage

04.

Versez la mousse sur le croustillant coco et laissez 2 h au réfrigérateur.
Coupez les deux extrémités de l'ananas et ôtez la peau. Ôtez les yeux, coupez-le en quatre, puis retirez le cœur dur. Coupez les quartiers en petits morceaux. Pelez la mangue et coupez-la en cubes.

05.

Étalez le chocolat plastique à l'aide d'un rouleau à pâtisserie sur 5 mm d'épaisseur et 60 cm de long. Découpez-le en forme de cravate et nouez-le.

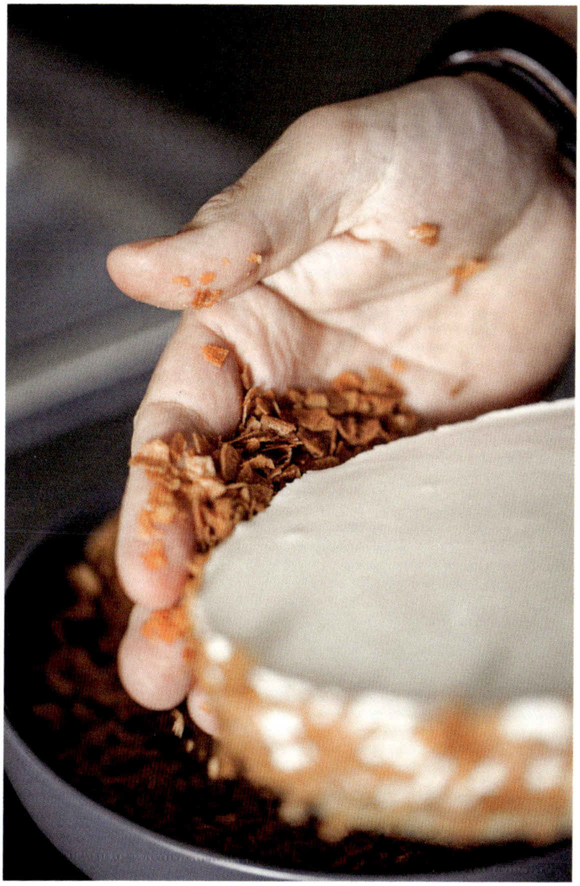

06.

Démoulez le gâteau, émiettez
les Gavottes® et déposez-les sur les bords,
puis saupoudrez de sucre glace.
Disposez la mangue et l'ananas sur le gâteau.
Zestez le citron vert par-dessus.
Posez la cravate de chocolat et servez.

GÂTEAU DE NAISSANCE

- 18 FRAISES
- 4 MINI-ROULÉS AUX FRAISES ACHETÉS DANS LE COMMERCE
- 10 CERISES
- 6 MYRTILLES
- 10 GROSEILLES
- 1 POIGNÉE DE FRAISES DES BOIS
- 10 FRAMBOISES
- UN PEU DE SUCRE GLACE
- QUELQUES ÉCLATS DE DRAGÉES

MOUSSE GRIOTTE

- 200 G DE PULPE DE GRIOTTE
- 2,5 FEUILLES DE GÉLATINE
- 22 G DE SUCRE
- 150 G DE CRÈME LIQUIDE

Mousse griotte

01.

Faites tremper la gélatine dans un peu d'eau. Dans une casserole, faites chauffer la pulpe de griotte avec le sucre, versez-en les deux tiers dans un saladier et faites chauffer le reste à 50°C. Ajoutez la gélatine égouttée au reste de la préparation et mélangez. Montez la crème en chantilly et ajoutez-la à la préparation froide.

PRÉPARATION 30 MIN

CUISSON 10 MIN

REPOS 2 H

02.

Lavez les fraises, équeutez-les, coupez en 10 en deux, puis placez-les, à la verticale, sur les bords d'un cercle filmé de 15 cm de diamètre.

03.

Coupez les mini-roulés en rondelles de 5 mm d'épaisseur et déposez-les dans le fond du cercle. Ajoutez la mousse griotte. Laissez au réfrigérateur 2 h, puis démoulez le gâteau.

04.

Lavez les fruits, coupez les fraises restantes et les cerises en deux, puis placez-les sur le gâteau ainsi que les myrtilles, les groseilles et les fraises des bois. Saupoudrez les framboises de sucre glace et ajoutez-les également. Décorez avec des éclats de dragées.

ASTUCE

Pour équeuter une groseille, tounez-la sur elle-même et tirez délicatement pour éviter de la déchirer.

CHEF

Pour fixer des éléments sur vos préparations, comme des bonbons ou autres friandises, faites fondre un peu de chocolat et utilisez-le comme colle alimentaire.

Pour réaliser le caramel mixé, faites chauffer 300 g de sucre, puis laissez-le refroidir. Une fois qu'il a durci, mixez-le au robot.

QUELQUES ASTUCES

Chocolat plastique : véritable «pâte à modeler», le chocolat plastique permet de créer des décors pour vos desserts. Vous le trouverez dans les magasins spécialisés, en pâtisserie ou sur Internet.

Fleurs comestibles : vous pouvez les cueillir dans votre jardin ! Évitez celles du fleuriste, en raison des pesticides, et demandez conseil à votre pharmacien si vous voulez utiliser des fleurs non citées dans *Michalak Trop facile !*

La cuisson au bain-marie permet une cuisson douce des aliments : disposez-les dans un plat, lui-même placé dans un récipient d'eau bouillante. Idéal pour le chocolat !

Pour savoir si votre gâteau ou votre cake est cuit, glissez la lame d'un couteau au travers : s'il ressort propre, sans trace de pâte, il est prêt !

Pour éviter d'en mettre partout, utilisez de préférence votre blender plongeant dans un récipient à bords hauts !

La gélatine en feuille doit toujours tremper dans un peu d'eau froide, puis être égouttée avant d'être diluée dans une préparation chaude mais non bouillante !

SI VOUS N'AVEZ PAS...

- de poches à douille, vous pouvez utiliser des sacs de congélation coupés à une extrémité.
- de tapis en silicone, vous pouvez utiliser du papier cuisson.
- de rouleau à pâtisserie, pas de panique ! Vous pouvez utiliser une bouteille, en verre de préférence.

QUELQUES ÉQUIVALENCES

04 CL
Le jus de 1 citron jaune

06 CL
Le jus de 1 orange

50 G
1 œuf

20 G
1 jaune

30 G
1 blanc

02 G
1 feuille de gélatine

10 G
1 cl d'eau

12 G
1 cl d'huile

1 C. À C.
0,5 CL d'eau
4 G de farine
5 G de sucre

1 C. À S.
1,5 CL d'eau
10 G de farine
14 G de sucre

QUELQUES POIDS MOYENS

200 G
1 BANANE

100 G
1 CITRON VERT

140 G
1 CITRON JAUNE

45 G
1 ABRICOT

300 G
1 PAMPLEMOUSSE

03 G
1 FRAMBOISE

200 G
1 ORANGE

08 G
1 FRAISE

140 G
1 PÊCHE

150 G
1 POIRE

140 G
1 POMME

TABLE DES MATIÈRES

PETIT-DÉJEUNER

GOÛTER

TAKE AWAY

DESSERTS À PARTAGER

DESSERTS DE PRESTIGE

DESSERTS DE FÊTES

INDEX PAR TYPES DE GOURMANDISES

VIENNOISERIES ET PAINS

GÂTEAUX, TARTES, CAKES & CO

ENTREMETS

À PICORER

BOISSON

INCLASSABLES !

INDEX PAR PRODUIT

REMERCIEMENTS

Merci, Merci, Merci

À ma famille de rêve : Ma reine Delphine,
Mon prince Darius, et Mon petit joyau Victor ;

À Vincent Geslain, mon top chef qui m'a permis
de rendre ces recettes si faciles et ludiques ;

À toute la famille AD Édition, Alice, Églantine,
Aurore, Camille… Je vous kiffe grave !

À Pierre Monetta, qui réalise toujours des photos
de ouf avec une pointe d'humour !!!

À Soins Graphiques, l'agence de l'ombre
qui a le design dans le sang comme nulle autre.

Christophe Michalak

LES ADRESSES
DE CHRISTOPHE MICHALAK

MICHALAK MASTERCLASS
60, rue du Faubourg-Poissonnière
75010 Paris
Tél. : 01 42 46 10 45
www.christophemichalak.com/masterclass

PÂTISSERIE CHRISTOPHE MICHALAK
16, rue de la Verrerie
75004 Paris

L'éditeur tient à remercier Vincent Geslain pour son aide, Maud Rogers, ainsi que Kenwood et Mauviel.

Imprimé en CE
ISBN 978-2-84123-800-2
Dépôt légal 3e trimestre 2015

2, rue Paul Vaillant-Couturier
92300 Levallois-Perret

Imprimé sur du papier FSC
provenant de forêts gérées
de façon responsable.

DIRECTEUR DE COLLECTION
Alain Ducasse

DIRECTRICE
Aurore Charoy

RESPONSABLE ÉDITORIALE
Alice Gouget

ÉDITRICE
Églantine
André-Lefébure

PHOTOGRAPHIES
Pierre Monetta

ARTS DE LA TABLE
Marlène Dispoto

DIRECTION ARTISTIQUE & CONCEPTION GRAPHIQUE
Soins Graphiques
Pierre Tachon
et Sophie Brice
Merci à Aurélie

PHOTOGRAVURE
Nord Compo

RESPONSABLE MARKETING ET COMMUNICATION
Camille Gonnet
camille.gonnet@alain-ducasse.com